So wird's gemacht!

Öffne das LÜK®-Kontrollgerät und lege die Plättchen in den unbedruckten Deckel. Jetzt siehst du auf den Plättchen und auf dem Geräteboden die Zahlen 1. bis 24..

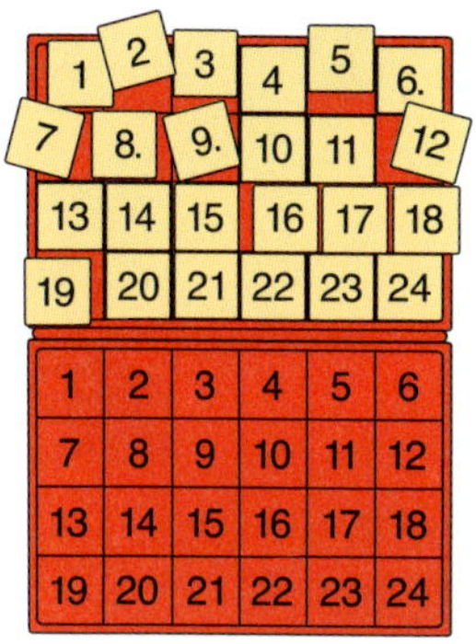

Beispiel: Seite 2

Nimm Plättchen 1. und sieh dir Aufgabe 1. an:
Welcher Dackel ist wie verzerrt? Schau dir die einzelnen Bilder aufmerksam an. Es ist die Kombination mit der Lösungsziffer 23.

Lege also Plättchen 1. mit der Zahl nach oben auf das Feld mit der Ziffer **23** im Kontrollgerät.

So arbeitest du weiter, bis alle Plättchen im Geräteboden liegen.

Schließe dann das Gerät und drehe es um. Öffne es von der Rückseite. Wenn du das bei der Übungsreihe abgebildete Lösungsmuster siehst, hast du alle Aufgaben richtig gelöst.

Passen einige Plättchen nicht in das Muster, dann hast du dort Fehler gemacht. Drehe diese Plättchen da, wo sie liegen um und öffne es wieder. Jetzt kannst du sehen, welche Aufgaben du falsch gelöst hast. Nimm diese Plättchen heraus und suche die richtigen Ergebnisse. Kontrolliere dann noch einmal. Stimmt jetzt das Muster?

Das System ist für alle Übungen gleich: Die roten Aufgabenziffern im Heft entsprechen immer den LÜK-Plättchen aus dem Kontrollgerät. Die Feldzahlen bei den Lösungen sagen dir, auf welche Felder im Kontrollgerät die Plättchen gelegt werden müssen.

VIEL SPASS

13

14

23

15

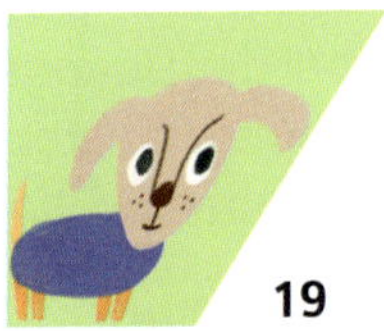
19

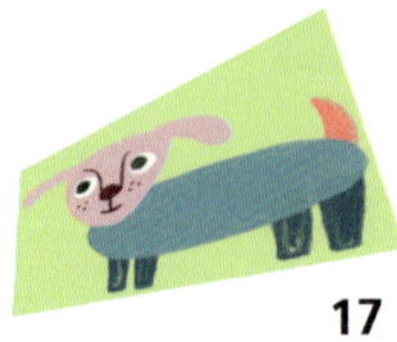
17

18

21

16

24

22

20

GUT IN FORM!

1	2	3	4
5	6	7	8
9	10	11	12

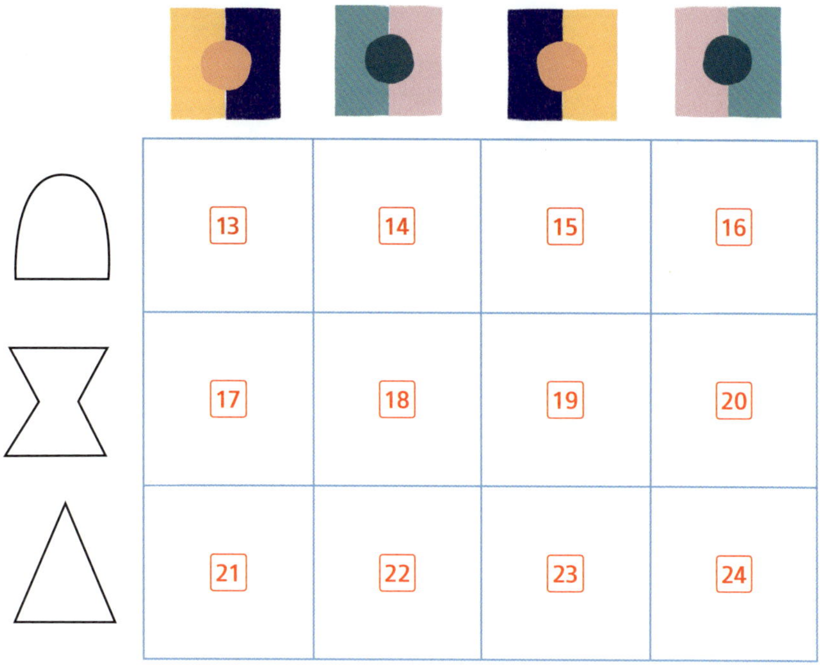
13
14
15
16
17
18
19
20
21
22
23
24

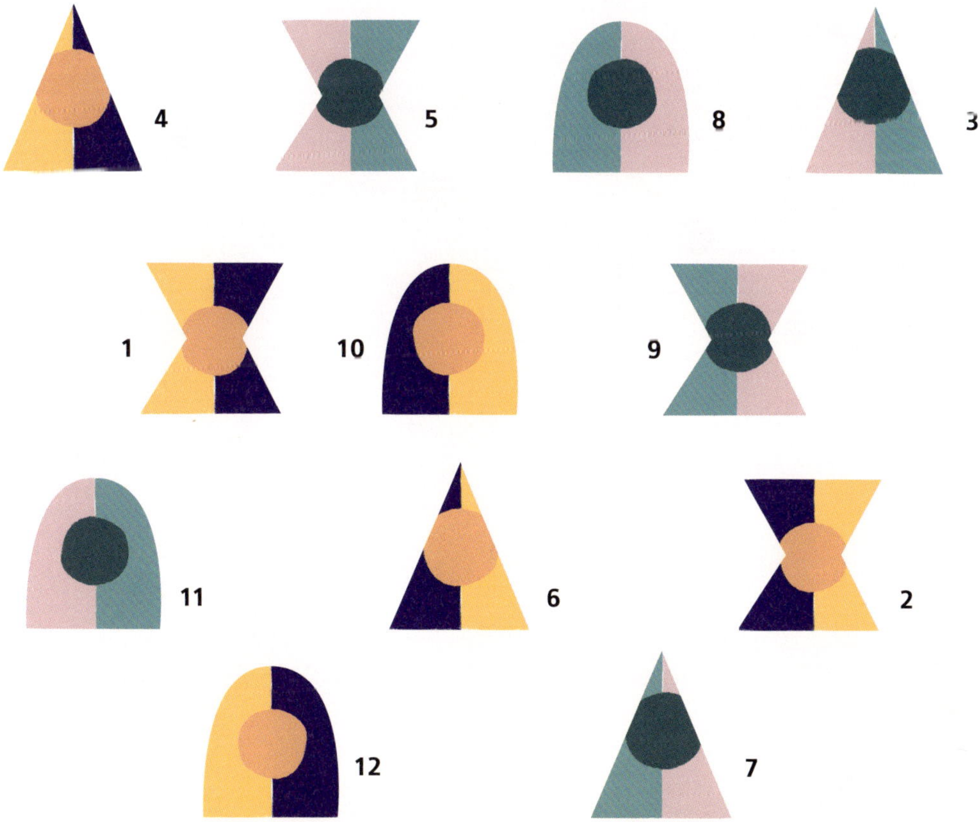
4
5
8
3
1
10
9
11
6
2
12
7

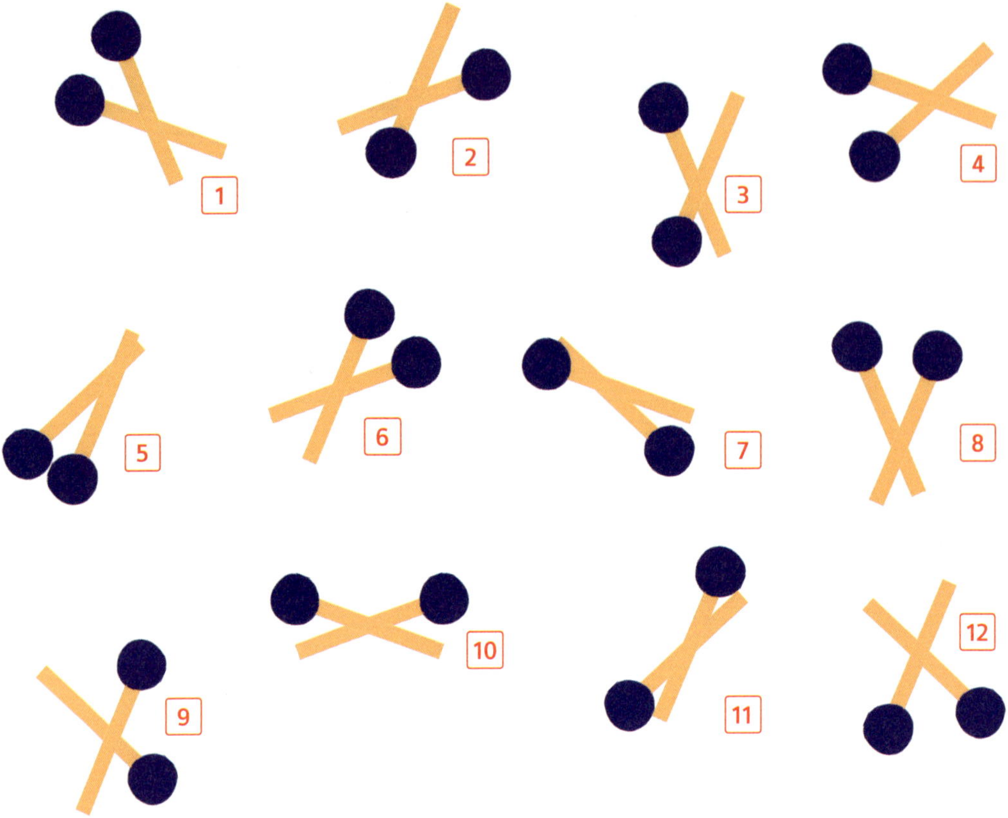

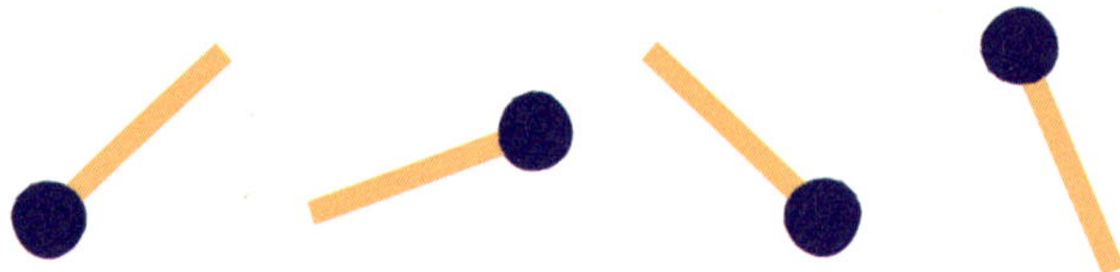

11	2	3	12
6	9	8	5
10	1	7	4

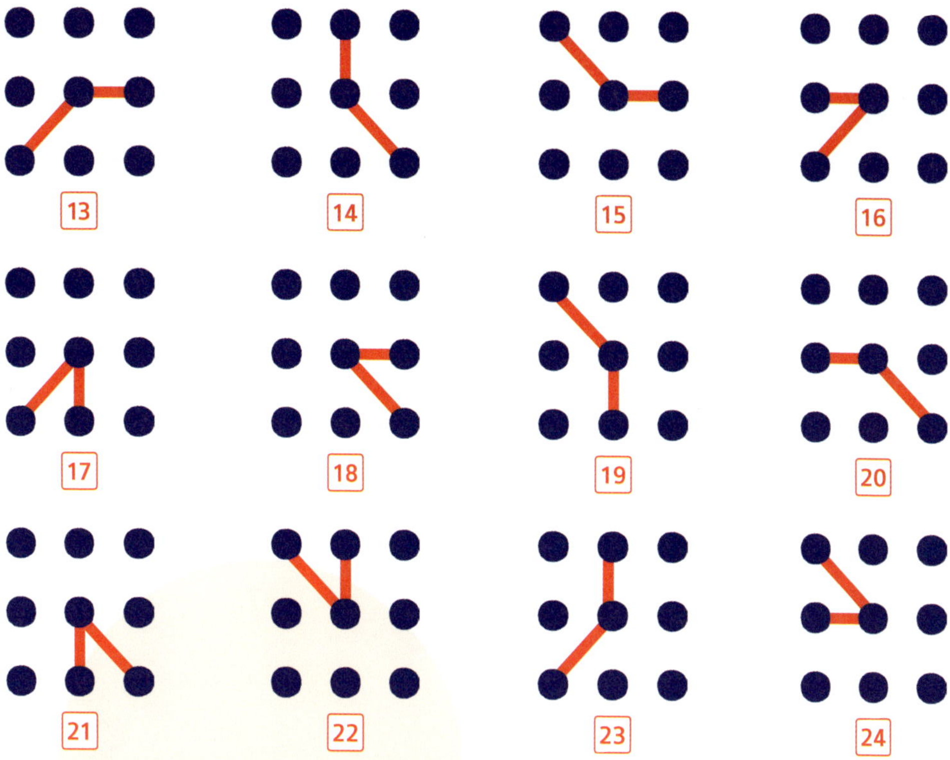

STREICHHÖLZER

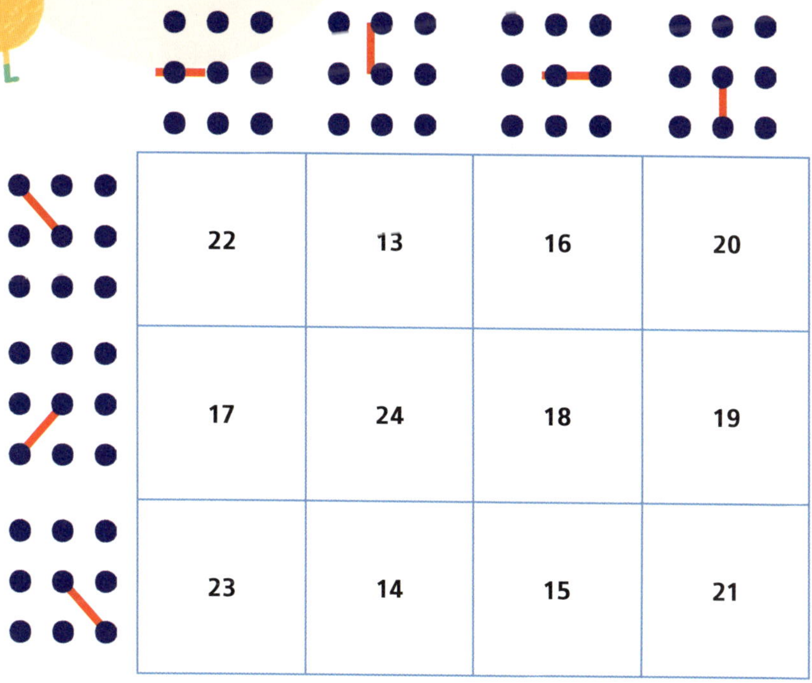

22	13	16	20
17	24	18	19
23	14	15	21

WIE VIELE WOVON?

5	13	14
3	15	16
4	17	18

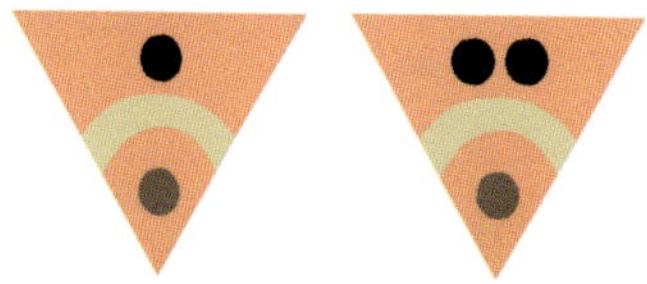

4	19	20
5	21	22
3	23	24

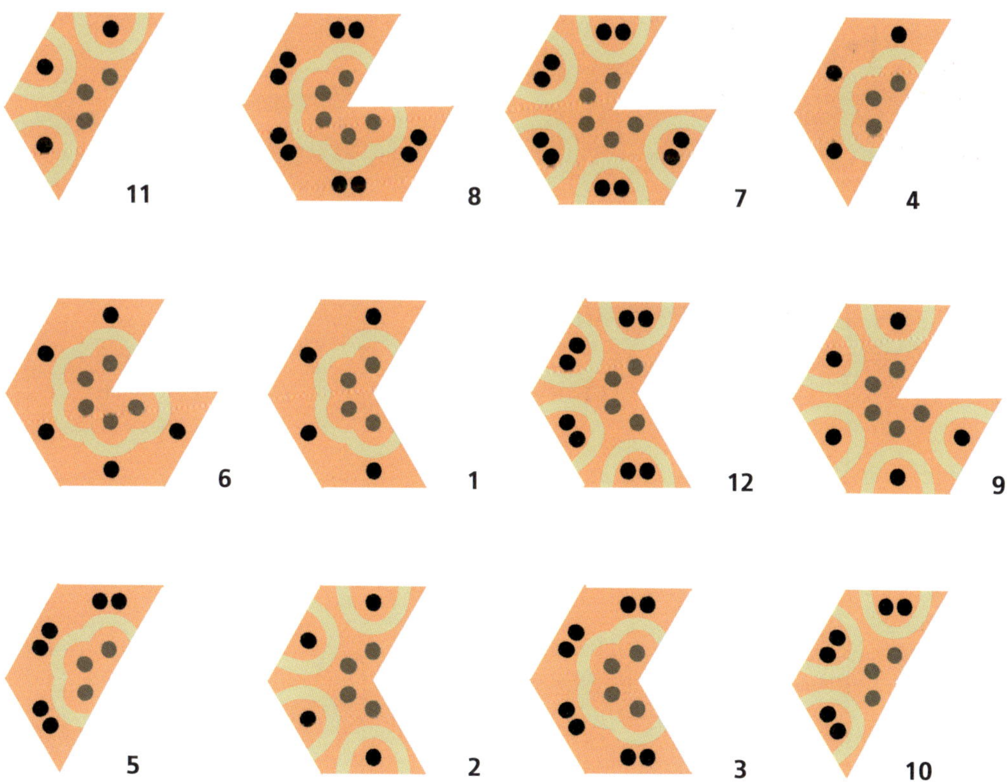

11 8 7 4

6 1 12 9

5 2 3 10

BAUSTEINE

	15	14
	17	19
	24	18

	21	16
	23	20
	13	22

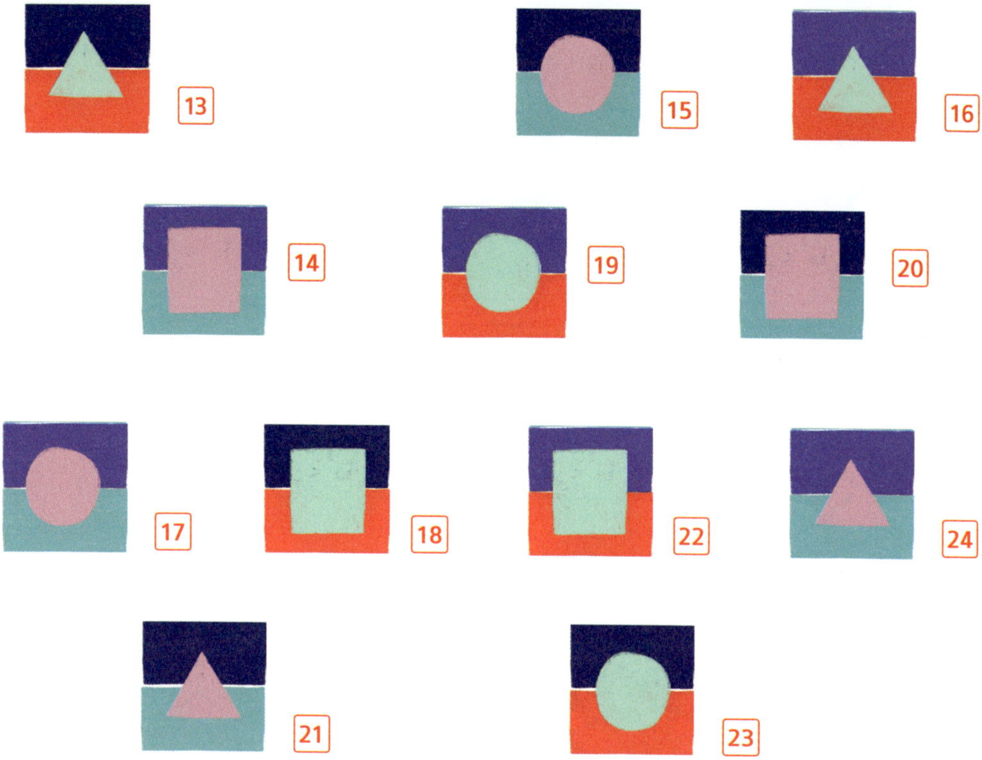

	5	1
	3	4
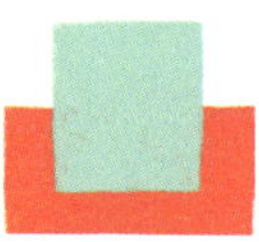	11	9

	12	2
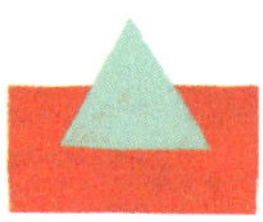	7	8
	6	10

1	2	3	4	5	6
7	8	9	10	11	12

13	14	15	16	17	18
19	20	21	22	23	24

TOTAL GEDREHT!

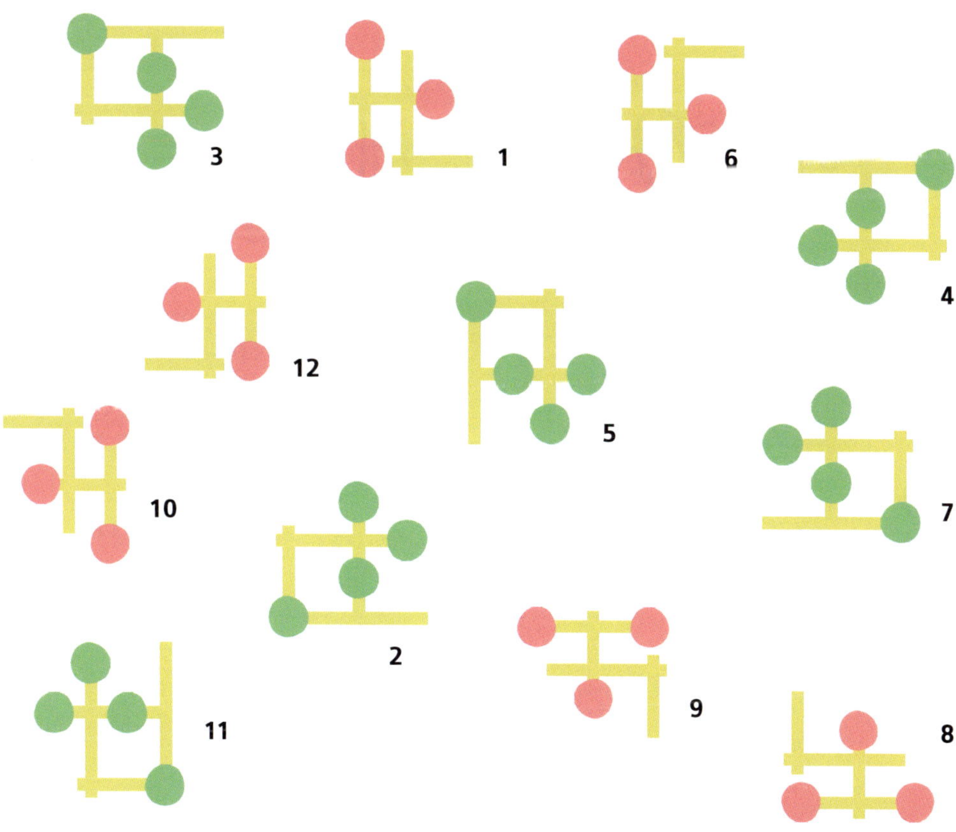

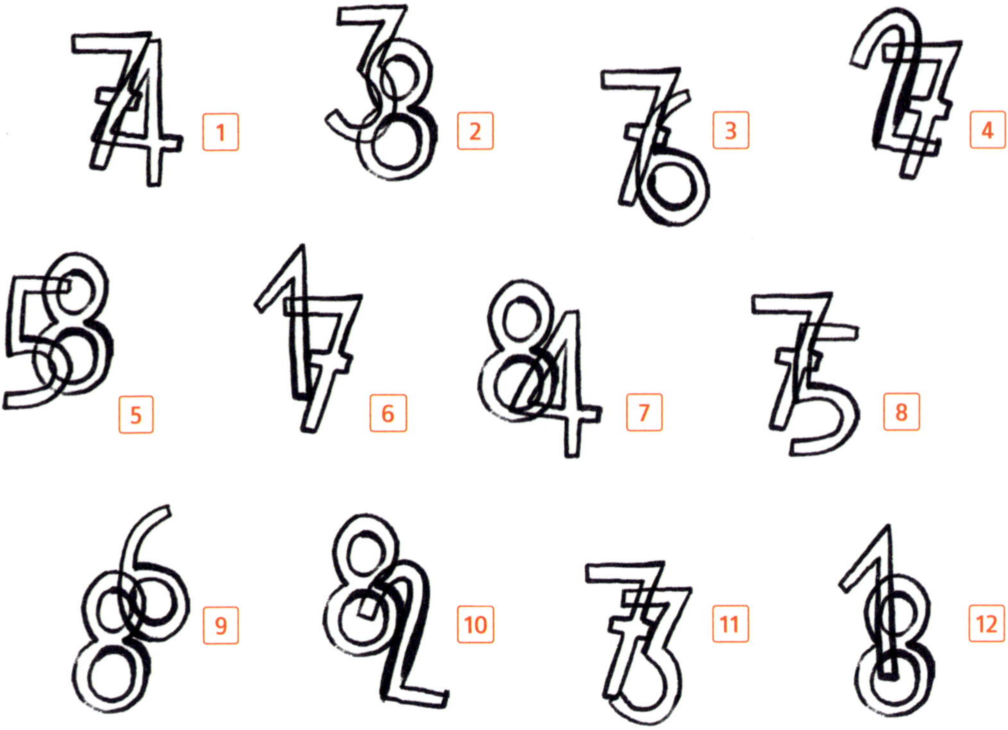

	1	2	3	4	5	6
7	10	8	2	7	1	12
8	4	6	9	3	5	11

KOMBINIERTE ZAHLEN

VERSCHMOLZENE BUCHSTABEN

	B	G	S	Z	H	O
W	14	24	17	13	23	19
M	20	18	21	15	16	22

13

14

15

16

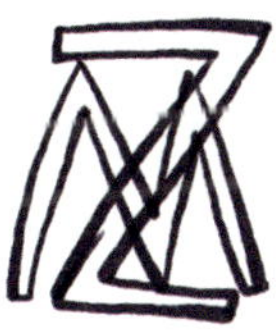
17

18

19

20

21

22

23

24

17

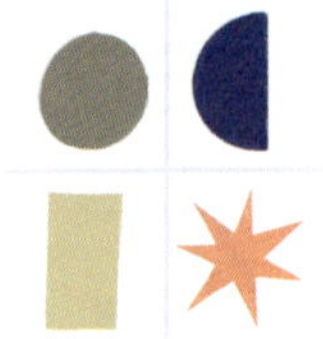
18

20

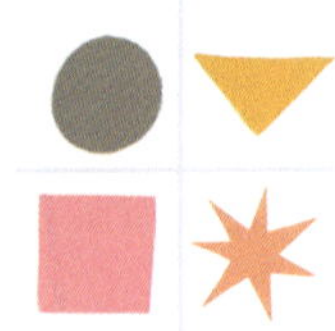
14

16

24

13

19

22

23

21

15

QUADRATE

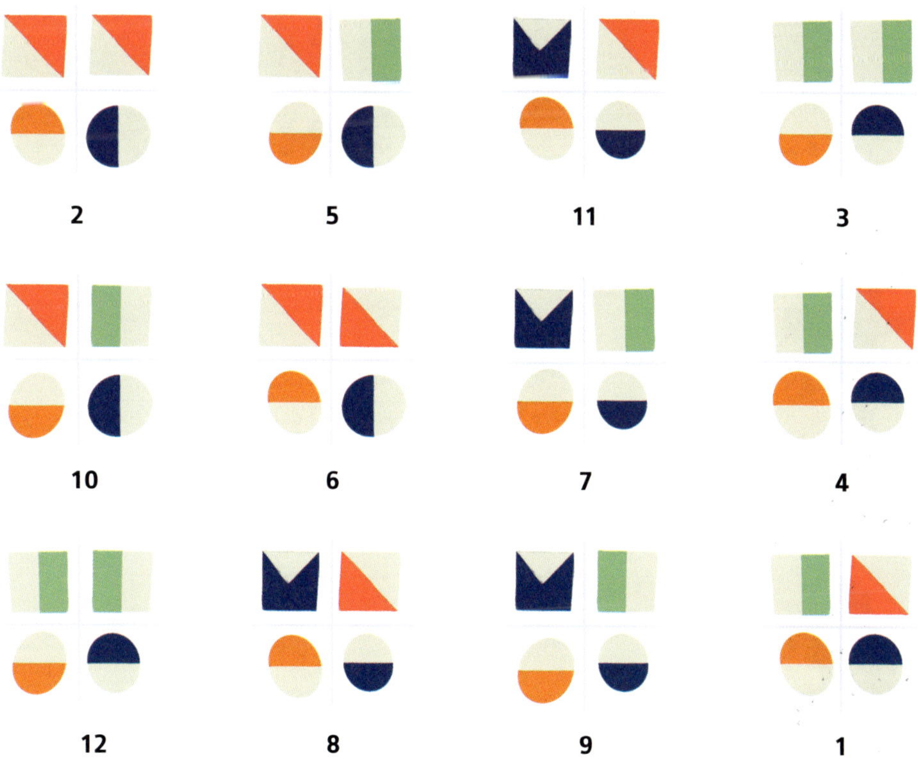

PUZZLETEILE

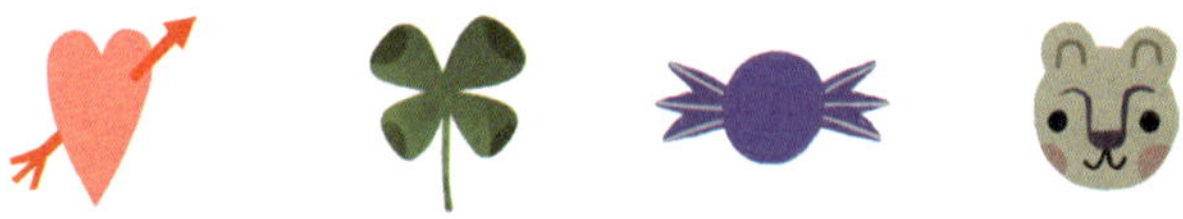

24	21	17	22
20	19	18	15
13	14	23	16

13 14 15 16

17 18 19 20

21 22 23 24

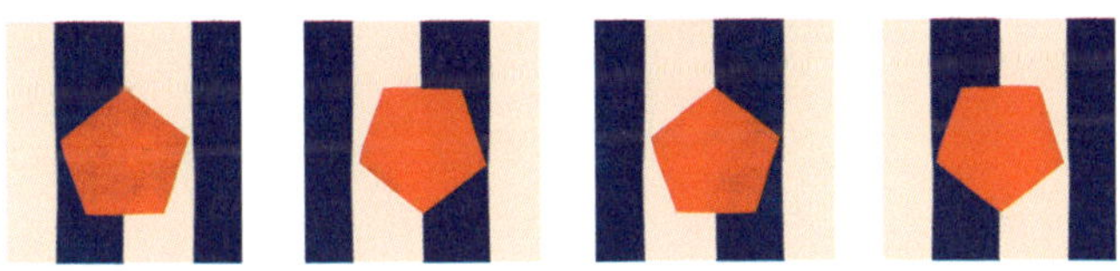

2	5	11	1
9	8	4	10
3	6	12	7

	*	+
A	1	2
G	3	4
H	5	6

	+	*
B	7	8
P	9	10
M	11	12

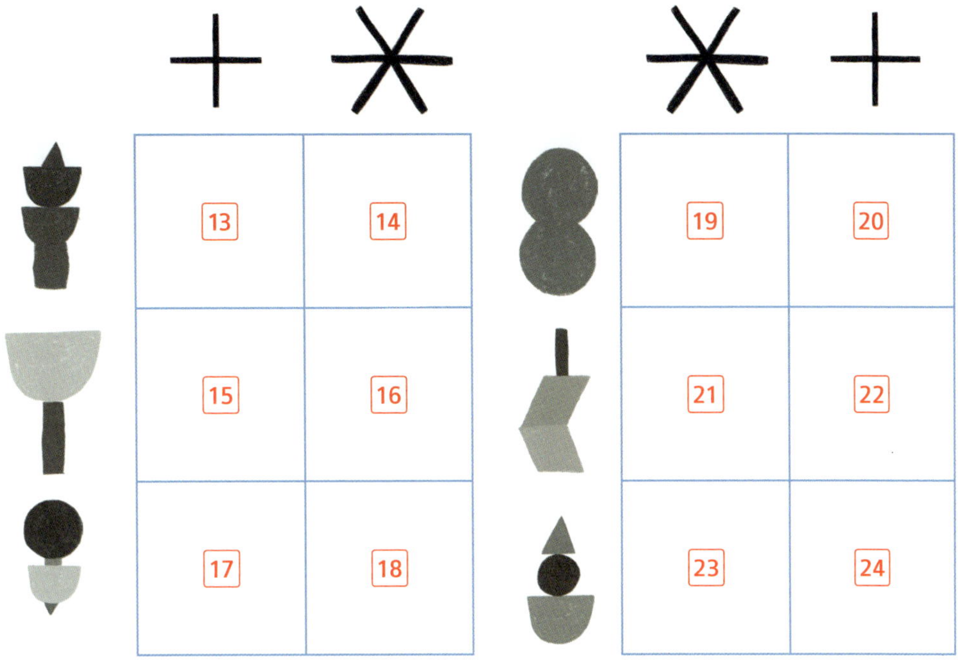

NOCH MEHR GEDREHT

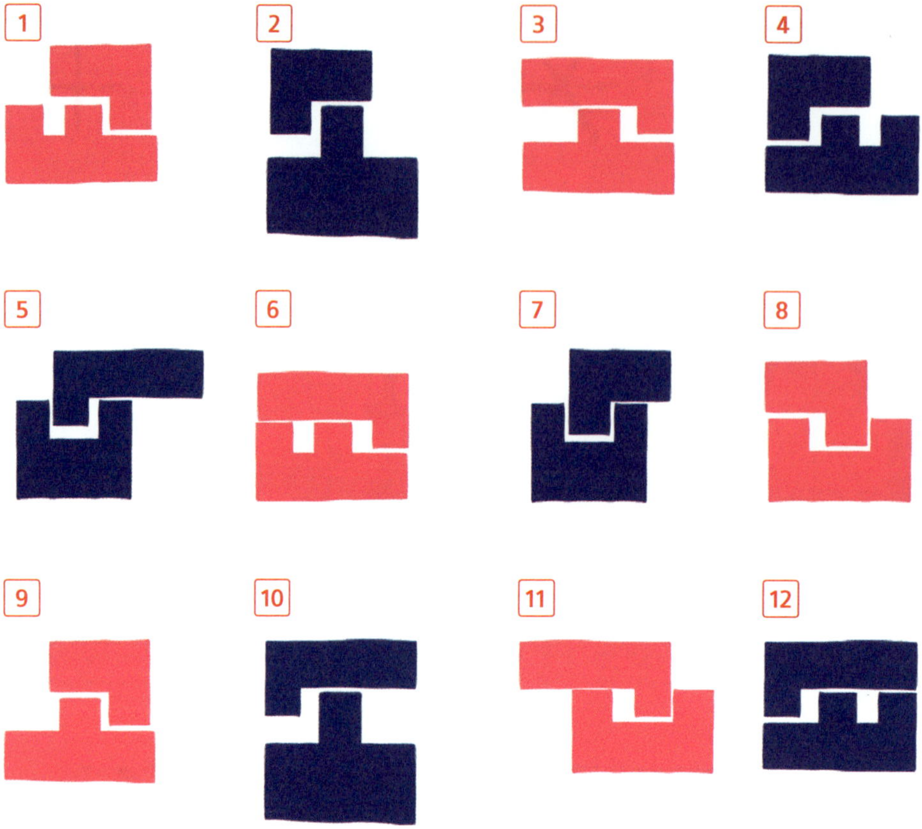

ZUSAMMENSETZEN

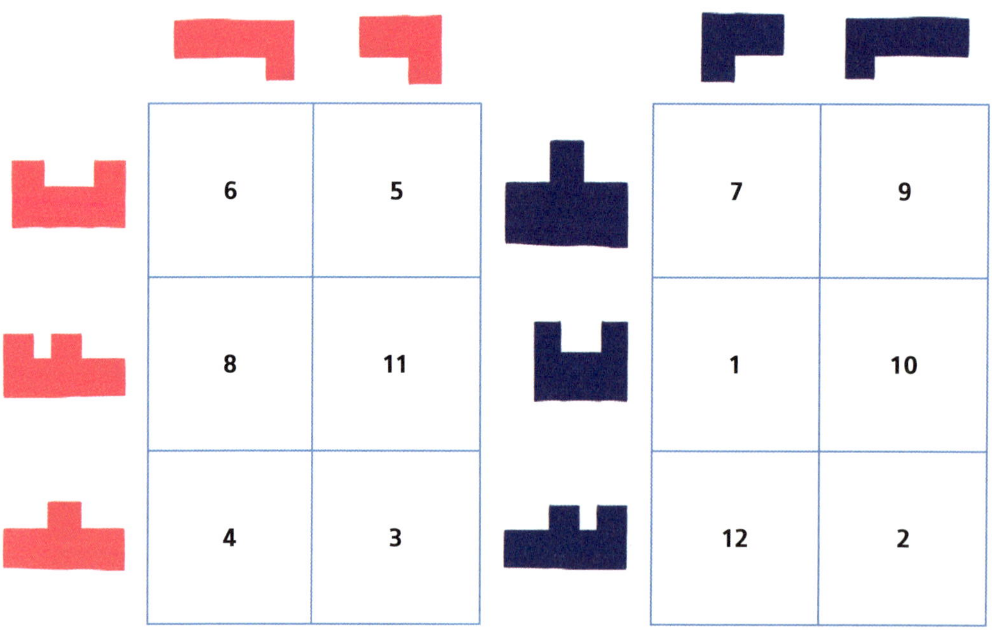

	6	5
	8	11
	4	3

	7	9
	1	10
	12	2

13

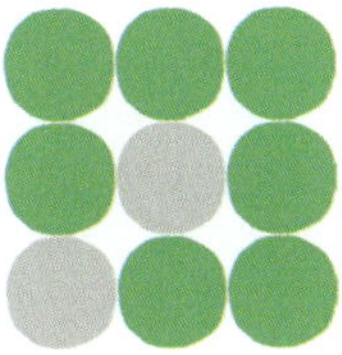

14

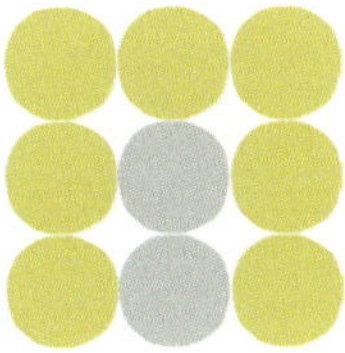

15

16

17

18

19

20

21

22

23

24

	14	22
	24	13
	19	20

	16	21
	18	23
	15	17

1	2	3	4	5	6
7	8	9	10	11	12

IM VORBEIFLIEGEN

13	14	15	16	17	18
19	20	21	22	23	24

VERÄNDERTE FORMATE

15

24

20

19

14

17

23

18

13

21

16

22

1 2 3 4

5 6 7 8

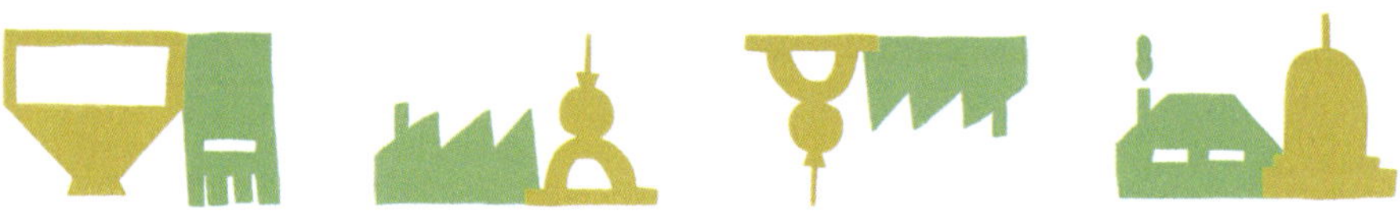

9 10 11 12

GESPIEGELTE GEBÄUDE

… UND MUSTER

3	2	11	8	1	4
5	12	10	6	9	7

	22	18	16	24	21	17
	15	13	14	19	23	20

13

14

15

16

17

18

19

20

21

22

23

24

	M	A	M	A	
O	1	2	3	4	O
M	5	6	7	8	P
A	9	10	11	12	A

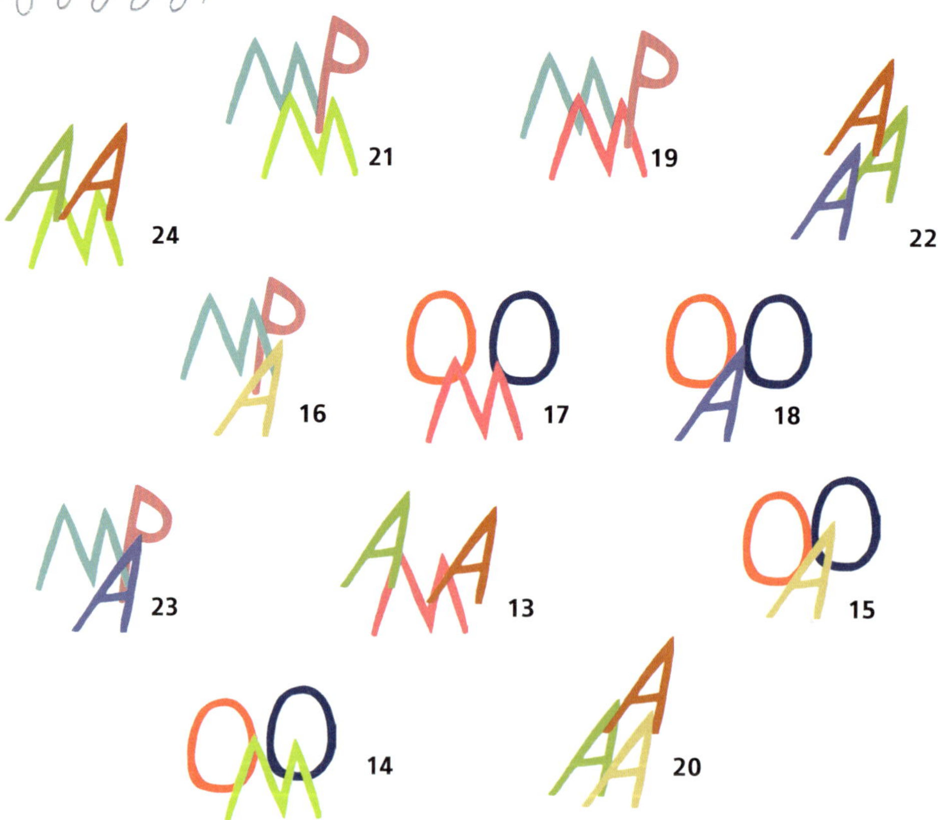

VERSCHMOLZEN

EiSDiELE

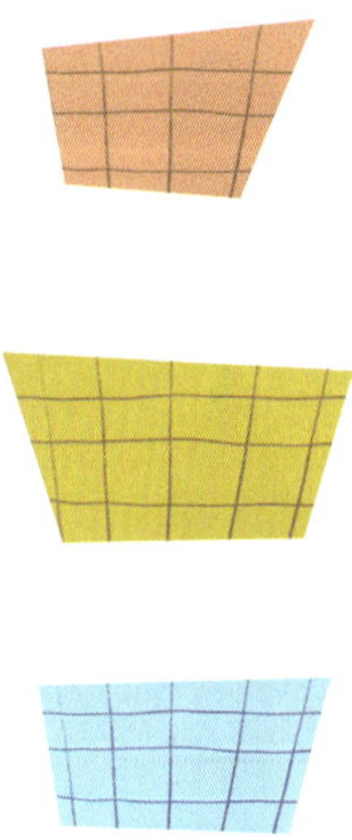

3	2	1	4
5	10	9	11
7	6	8	12

13

14

15

16

17

18

19

20

21

22

23

24

ZUSAMMENGESETZTE QUADRATE

17	24	22	18
13	21	20	15
14	16	19	23

SOMMER

3	1	2	3	4	5	6	5
4	7	8	9	10	11	12	6

WINTER

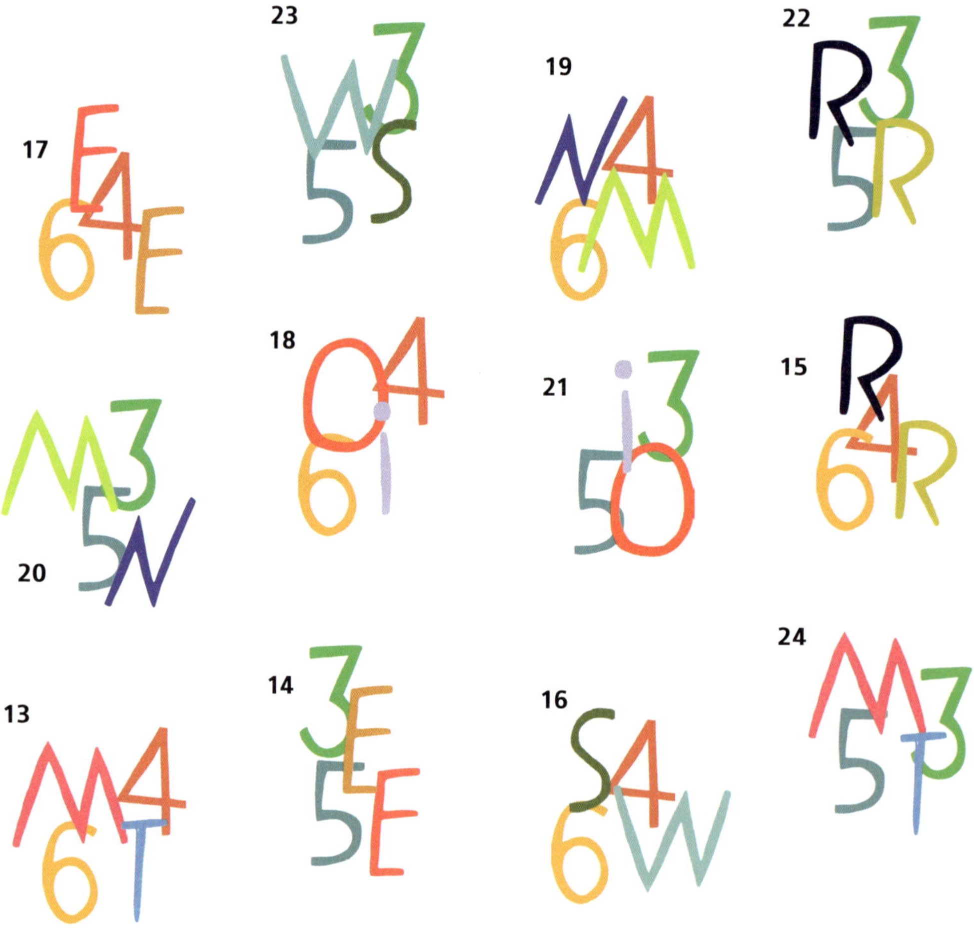

13
14
15
16
17
18
19
20
21
22
23
24

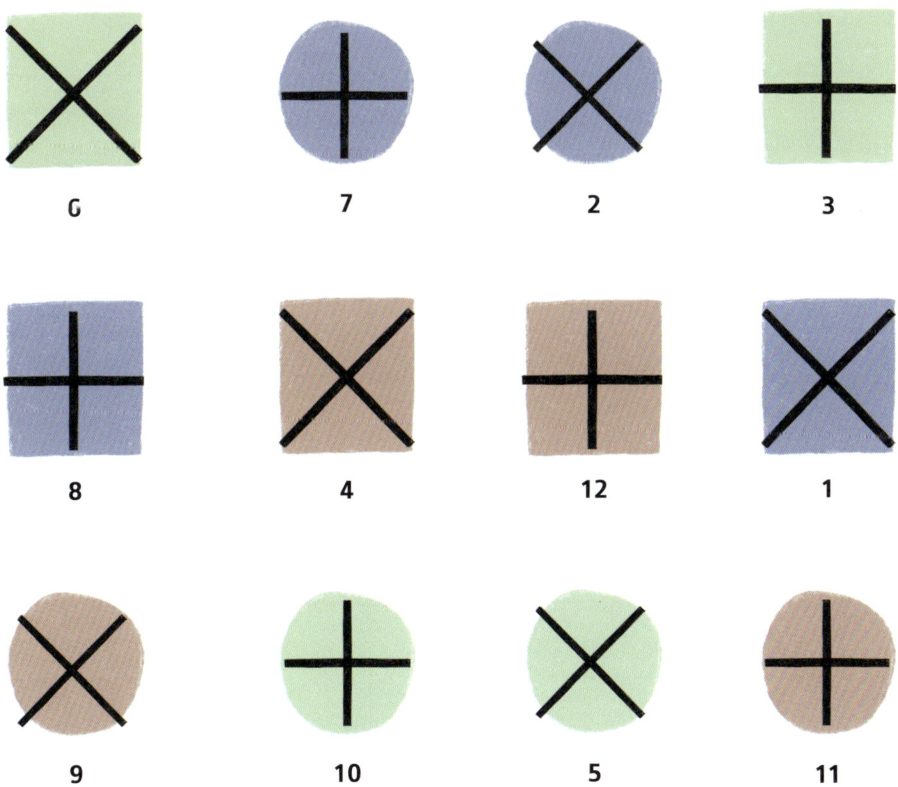
6
7
2
3
8
4
12
1
9
10
5
11

DEINE NACHWEISLISTE

Seite	Datum	Unterschrift
2/3		
4/5		
6/7		
8/9		
10/11		
12/13		
14/15		
16/17		
18/19		
20/21		
22/23		
24/25		
26/27		
28/29		
30/31		

Datum	Unterschrift